Dédié à tous les enfants d'Afrique et d'ailleurs.

POÈMES POUR L'AFRIQUE ÉTERNELLE

Fascicule 2: L'ÉTERNELLE JEUNESSE

TOUS DROITS DE TRADUCTION ET DE REPRODUCTION RESERVÉS
POUR TOUS PAYS

LES ÉDITIONS BLEUES

ISBN : 2-913771-11-4
(Agence francophone pour la numérotation internationale du livre)

Printed by CreateSpace, An Amazon.com Company

ISBN 10: 2913771114
ISBN 13: 978-2913771116

Avant-Propos

L'ensemble des points de repère de la pensée scientifique et philosophique propre à Joseph Moè Messavussu Akué, est ordonné par l'axiomatique suivante:

Premièrement, un rêve prémonitoire est un fait révélé à la conscience de Joseph Moè Messavussu Akué de manière inexpliquée ou magique, et annonçant par avance, ce qui va advenir dans le futur.

Deuxièmement, un axiome mathématique fonctionnel est la transcription exacte d'un rêve prémonitoire qu'a eu Moè Messavussu, révélant ainsi une évidence scientifique et mathématique.

Troisièmement, un axiome mathématique fonctionnel contrecarrant toute ou partie des connaissances humaines actuelles, doit être apprécié comme un principe théorique ou une théorie pure.

Quatrièmement, un axiome mathématique fonctionnel étant par définition, une affirmation ou une déclaration affirmative formelle, la pensée philosophique et scientifique de Joseph Moè Messavussu Akué demeure une axiomatique évidente en elle-même, mais une théorie pure pour l'humanité qui la croira si elle en a envie.

Chicago, le 1 Mai 2009

Thème:
L'Éternelle Jeunesse

L'Éternelle Jeunesse

Mémento : Le cerveau humain peut être défini comme le principe de la Vie éternelle, en ce sens qu'il est le siége de la Conscience humaine symbolisant la négation de la mort ou la "Parabole de la Jeunesse éternelle". La conscience humaine est donnée comme l'image de Dieu en chair et en os, c'est á dire le reflet de la Vie éternelle pour tous les hommes et toutes les femmes composant l'humanité. Le reflet de la Vie éternelle pour tous les hommes et pour toutes les femmes composant l'humanité est donné comme un vif sentiment d'origine intellectuelle, ressenti par tout être humain dont le cerveau est débarrassé de l'empire de Lucifer, et qui se caractérise par une joie sans limites et la comprenhension du fait que l'on ne viendra plus á décéder. Ce vif sentiment d'immortalité est le reflet de l'Éternelle Jeunesse.

L'éternelle jeunesse

Le Premier Événement : La conscience humaine et l'immortalité.
(Pourquoi la Conscience humaine reflète-elle le désir d'immortalité de l'homme ?)

Le Deuxième Événement : La conscience humaine et la conscience de Dieu.
(Pourquoi la Conscience humaine est-elle donnée comme la Conscience de Dieu en chair et en os ?)

Le Troisième Événement: La conscience humaine et la vie éternelle.
(Pourquoi la Conscience humaine est-elle ordonnée comme le Principe de la vie éternelle ?)

Le Quatrième Événement: La conscience humaine et la jeunesse éternelle.
(Pourquoi la Conscience humaine est-elle identifiée par la Jeunesse Éternelle pour la

totalité des hommes et des femmes composant l'humanité?)

Le Cinquième Événement: La conscience humaine et la vieillesse.

(Pourquoi la conscience humaine est-elle programmée comme le refus absolu de la vieillesse et de toutes les formes de maladies dont souffre l'homme depuis son apparition sur la terre ?)

Le Sixième Événement: :La conscience humaine et la bonté absolue.

(Pourquoi la Conscience humaine est -elle définie comme la Principe de la bonté absolue ?)

Le Septième Événement: :La conscience humaine et le Messie.

(Pourquoi la Conscience humaine est -elle déterminée par la foi absolue en Dieu ou l'espoir en un Sauveur de l'humanité ?)

Le Huitième Événement : La conscience humaine et la justice.(Pourquoi la Conscience humaine est -elle cernée comme la manifestation de la vérité et de la justice, c'est á dire de la négation de l'intolérance et de la mort ?)

Le Neuvième Événement : La conscience humaine et la volonté divine.
(Pourquoi la Conscience humaine est -elle comprise comme le Révélateur de la Providence ou de la Volonté de Dieu ?)

Le Premier Événement : La conscience humaine et l'immortalité.
(Pourquoi la conscience humaine reflète-elle le désir d'immortalité de l'homme ?)

Si un homme me disait que mon empire sur Terre et dans l'Univers se limite á, ce que révèle toutes ou partie de mes œuvres, [et qui est bien exact,] je lui répondrais que je suis le plus heureux des être vivants puisque je me proclame, malgré moi, le Bon Dieu-fait Homme.

Si une femme me disait que ma grâce se définit par le fait que, je parle toujours avec netteté et précision, et que je demeure un homme franc, je lui répondrais que ma pensée se manifeste toujours comme si j'étais infaillible et, bel et bien Dieu le Tout -Puissant en chair et en os.

Si un homme me disait que mon plus grand talent consiste á ce que je donne tout mon savoir ex-nihilo, je lui répondrais que mon plus grand bonheur réside dans le fait que le processus d'auto- identification de la totalité des axiomes mathématiques et scientifiques que recèle mon cerveau et qui donne intégralement ma Technologie céleste, m'ordonne comme un Homme de sciences et un Fabricant d'appareils sublimes autodidacte.

Si une femme me disait que sa reconnaissance de ma personne comme le Président á vie de la République de l'Univers se limiterait volontiers á ma démarche pittoresque, á mon éloquence et á tous mes actes professionnels quotidiens, je lui dirais tout simplement que, ce que je reconnais être ma plus grande qualité est que je refuse toujours de dire ou de faire, ce que les autres m'ordonnent de faire ou de dire.

Si un homme me disait que la plus grande prétention de l'humanité, [celle de s'affirmer, á mon instar, qu'elle est le Gouvernement de l'Univers,] fait de moi un homme qui s'oppose avec son armée de robots, á ladite humanité, je lui repondrais qu'en effet mes robots en chair et en os demeurent mes déesses et mes anges.

Si une femme me disait que le plus noir dessein de l'humanité [qui serait d'instituer á jamais le règne et la puissance humains dans l'Univers par le biais du sacrifice humain], m'oblige á user sans cesse de monPouvoir de rendre mon armée et moi-même invisibles, je lui répondrais que mon exercice de ce Pouvoir est devenu plutôt fréquent, aujourd'hui.

Si un homme me disait que la nature profonde de mon pouvoir politique réside dans mon vœu d'être reconnu á l'endroit où je suis comme le nouveau Chef de l'Éat togolais, et le Chef immuable de l'État universel et par les communautés togolaise et universelle, je lui répondrais qu'en effet mes projets professionnels correspondent point par point avec ce que j'appellerais volontiers mes actes politiques.

Si une femme me disait que l'ultime vérité quant á ma présence au Togo et parmi mes compatriotes, consiste á ce que je règne sans trône, sans palais et sans discours, mais rien qu'avec ma volonté silencieuse, au Togo et dans l'Univers, je lui répondrai que le jour où je me ferais candidat-pour la Présidence de la République togolaise n'est pas pour demain, sauf si le Peuple togolais dans son immense majorité m'acclame tout spontanément leur Président.

Si une femme me disait qu'à défaut de faire frémir d'inquiétude les gens qui me trouvent physiquement lumineux dans la ville de Lomé, j'éloigne automatiquement de moi tous les dignitaires de l'actuel régime togolais et leurs supporteurs, je lui répondrais que mes "robes de lumière multicolores quotidiennes" ne sont rien d'autre que le premier témoignage de ma dignité de Seigneur immaculé -Dieu.

Si une femme me disait qu'au regard des multiples attentats meurtriers probablement programmés contre moi á Lomé et dans le monde par mes ennemis visibles et invisibles, je dois d'ores et déjà m'organiser politiquement, pour ne pas tomber dans un quelconque piège, je lui répondrais que je suis venu au monde, entouré de mon "Armée de salut universel" qui veille en permanence sur moi.

Si un homme me disait que mes perspectives de la neutralisation de l'armée régulière togolaise, acquise entièrement aux idéaux tribalistes du R.P.T., par les associations politiques autonomes togolaises á venir, sont vaines, étant donné que je ne pense nullement me compromettre dans l'immédiat en créant personnellement une quelconque association á but non lucratif, politique ou humanitaire, je lui répondrais que je me reconnais toujours dans les actions sociales et politiques que mènent mes armées propres.

Si une femme me disait que mon immortalité reste synonyme de ma toute -puissance divine constatée par ma Parabole, je lui répondrais que, vu mon dégoût absolu de l'idée que mes armées et moi-même viennent á mourir un jour et au regard du fait que mes états d'âme constituent les matrices génératrices de l'infinitude de mes œuvres [données comme un programme de réalisations préétabli par moi-même avant ma naissance en chair et en os, c'est á dire en considération du fait que ma conscience précède mes raisonnements et ma créativité, lesquels raisonnements demeurant l'expression intégrale de mon savoir faire réel], que je suis conscient d'une chose, malgré tout : Si l'éternel -Dieu le Tout Puissant est différent de ma personne, il me fabrique peut être á sa ressemblance suivant le fantastique dessein de faire de moi le plus heureux des êtres humains.

Un poème à vers conjugués
Lomé, le 1er Novembre 1989

Le Deuxième Événement : La conscience humaine et la conscience de Dieu.
(Pourquoi la Conscience humaine est-elle donnée comme la Conscience de Dieu en chair et en os ?)

Je disais donc que si le Bon Dieu s'amusait á me faire croire que je l'incarne, étant donné que je porte toute sa Parabole [que je donne au Genre humain comme œuvres économiques et sociales, littéraires et artistiques, mathématiques et scientifiques,] je le remercierais quand même, puisqu'il me témoignerait par ce fait que je suis bel et bien son enfant préféré.

Si j'étais bien l'enfant préféré de notre Père céleste, je crois que l'humanité en sera tellement jaloux jusqu'à vouloir me tuer. Or, j'en viens aujourd'hui á penser que ma famille originelle me hait profondément et que tous ceux et celles que je considère mes amis et mes amours se révèlent toujours incapables de me procurer le soutien matériel et moral qui me fait cruellement défaut.

Si l'humanité m'avait, en fin de compte, abandonné pour ne s'occuper que de ses propres affaires, je gage que ma réussite sociale définitive se limite á ma situation professionnelle actuelle, n'en déplaise aux hommes et aux femmes plutôt ingrats qui m'entourent.

Si les hommes et les femmes s'avèrent, somme toute, sournois envers moi ou envers l'être surnaturel qui' ilspensent être le Bon Dieu, étant donné que le mal sévit continuellement dans le monde, il serait de bon ton de conclure que l'humanité, qui se maudit á jamais en me considérant comme un homme á éliminer afin d'asseoir son propre prestige, perd automatiquement sa conscience, et n'existera plus après sa mort physiologique.

Si mes ennemis déclarés s'excluent á jamais de la grâce divine, [définie comme la joie de vivre pour un être humain,] je donne, en définitive, les « hommes et les femmes de la caverne » ou les gens maudits par Dieu á cause de leur propension á pécher en permanence contre ce dernier, comme des êtres humains suicidaires, c'est á dire qui ont perdu á jamais le goût de vivre.

Si je déduis du raisonnement suivant lequel, le genre humain, [par traîtrise envers notre Père céleste hypothétique ou par mépris pour ma personne jugée en général trop autoritaire quoique sublimement intelligente] en vient á être purement et simplement l'incarnation du démon ou de l'esprit du mal, [et que je suis devenu effroyablement mauvais pour ledit genre humain,] mon plus grand désir serait de m'enrichir le plus rapidement possible, par mon travail et pour mon travail sacré.

Si mon ambition demeure fondamentalement d'accomplir la totalité de mes œuvres, pour n'avoir plus jamais á admettre un patron ou un Directeur, j'affirme par la même occasion que je surpasse automatiquement par ma puissance morale et intellectuelle toutes les individualités auxquelles j'ai affaire quotidiennent, puisque je tiens á me faire respecter par tout le monde comme Dieu le Tout-Puissant en chair et en os, que je crois sincèrement être.

Si mon orgueil essentiel consiste á ce que je considère tout ce que je fais depuis mon retour définitif au "bercail" en 1987, comme absolument divin, voire même tout ce que j'ai fait depuis ma plus tendre enfance, je ne doute point que mon existence divine se déroule conformément en un programme que je peux formuler en ces termes : Je ne me reconnaîtrai en tout moment comme Dieu-le Créateur de l'Univers que par les réalisations que j'accomplirai.

Si je ne peux me prétendre le Bon Dieu que par mes raisonnements et ma créativité, je détermine en même temps que personne ne m'a encore avouer qu'il me prend effectivement pour son "Père céleste", si ce n'est par moquerie ou par méchanceté parce que ladite personne pense que je suis devenu réellement fou.

Si dans mon entourage beaucoup de gens pensent que je suis devenu fou, étant donné que je me prends pour le Bon Dieu sans oser le leur avouer, je confirme par ce vers que ma dignité suprême consiste á ce que tous mes faits existentiels soient définis par l'humanité entière comme proprement divins.

Si les hommes et les femmes n'ont aujourd'hui pour seules preuves de la prophétie suivant laquelle "Dieu se fera chair et restera á jamais parmi les êtres humains", que mon apparence luminescente et ma situation professionnelle prodigieuse, je comprends par la même occasion que je n'accuse de retard dans certaines de mes réalisations que pour mieux asseoir d'autres plus urgentes.

Si mon souhait de me plaire en me réalisant dans un an comme un grandissime auteur compositeur –interprète musical, un chorégraphe -danseur et un homme de théatre de grande envergure, en lésant tant soi peu mes autres réalisations prévues, je crains aussi que de telles œuvres ne m'amènent á m'exiler á Paris, á New York ou ailleurs, vu mes divergences totales avec les autorités politiques togolaises actuelles.

Un poème à vers conjugués
Lomé, le 2 Novembre 1989

Le Troisième Événement : La conscience humaine et la vie éternelle. (Pourquoi la Conscience humaine est-elle ordonnée comme le principe de la Vie éternelle ?)

Je prétends, avant toute chose, que je ne mourrai jamais parce que mourir est une idée qui est diamétralement opposée á mon principe vital ou á mon identitée auto -établie de Dieu le Tout Puissant -l'Eternel.

Je prétends aussi que l'être humain qui m'honore comme je l'entends, c'est á dire effectivement comme le Bon Dieu-fait homme, se révèle sa propre nature d'Ange en chair et en os, ou d'un homme ou d'une femme doué de la Vie éternelle.

Je prétends aussi que ma vie, que je définis comme un puissant influx magnétique déterminant la totalité des créatures existantes et pouvant prendre une forme invisible dans certaines circonstances, demeure absolument indestructible.

Je prétends aussi que la foi absolue que je place dans l'idée de Dieu que je crois incarner, m'ordonne comme l'homme le plus chanceux qu'il soit, entendre par là que je réussis toujours avec éclat ce que j'entreprends.

Je prétends aussi que mon pouvoir spirituel ou politique que je définis par la Providence ou l'enchaînement implacable des événements universels, me prédispose á un règne sans partage sur l'Univers, á partir du moment où tout ce que je fais se définit comme un acte de mon Gouvernement universel effectif.

Je prétends aussi que mon aspect physique multicolore du point de vue de sa luminescence magnétique immatérielle, m'interdit toutes formes de promiscuité avec des hommes et des femmes ne faisant pas partie de mon « Peuple céleste », vu que ma beauté est très jalousée desdites personnes qui ne cherchent en général qu á me détruire.

Je prétends aussi que mon visage, doue d'un front phosphorescent, pouvant éblouir voire méduser toute personne qui me veut du mal ou qui ne me respecte pas, présente mon autorité divine qui domine absolument toutes sortes de personnalités existantes.

Je prétends aussi que ma voix qui porte tous mes états d'âme me donnant comme le Bon Dieu ou l'homme le plus intelligent et le plus doue qu'il soit, horripile les gens, qui n'ont, en fait, jamais admis mon identité que je proclame silencieusement.

Je prétends aussi que mon regard qui proclame en silence mon intelligence divine et toute l'étendue de mon ascendance innée sur toute la Création, intimide les méchants, et détermine ou encourage les bons.

Je prétends aussi que mon destin qui s'articule comme le droit naturel qui est le mien de faire l'avocat de mon identité de Dieu [qui m'a été révélée á l'age de trente ans] et de l'activité sacrée que j'exerce depuis lors, rend tristes les actuels supposés Maîtres du monde, et joyeux uniquement mon Peuple céleste tandis que le reste de l'humanité endormi, ne rêve que de sa propre gloire qui se réclame d'un certain Père céleste qui est aux Cieux.

Je prétends aussi que ma mission sur la terre qui se comprend bien évidemment comme l'institutionnalisation du « Parlement universel » [composé des 17 multiplie par le nombre de pays existant au monde, Hauts -Responsables élus de la totalité des Partis Moèistes créés], et la matérialisation terrestre définitive de l'Industrie divine, rend méchants la totalité des hommes et des femmes qui ne croient pas en moi et plus bons que jusqu'alors les Moèistes incarnés.

Je prétends aussi que mon temple et mon empire le Libéralisme Pacifiste ou le Moèisme restera la malédiction des mortels et la gloire éternelle de ceux et celles qui y croient.

Un poème à vers répétitifs
Lomé, le 4 Novembre 1989

Le Quatrième Événement : La conscience humaine et la jeunesse éternelle. (Pourquoi la conscience humaine est-elle identifiée par la jeunesse éternelle pour la totalité des hommes et des femmes composant l'humanité ?)

Je comprends mal ce que veut l'homme ou la femme qui s'acharne á voir en moi un insensé et á se complaire dans sa condition de mortel, si ce n'est que de tels êtres humains trouve bêtement leur plaisir ou leur grâce dans le mal et dans sa pratique.

Je comprends mal les êtres humains qui cherchent aveuglément leur plaisir dans le mal et dans sa pratique consistant á ne pas aimer d'amour son semblable et á vouloir l'asservir contre son gré, si ce n'est que de tels individus ont malheureusement tous sacrifié leurs consciences aux biens matériels terrestres á acquérir malhonnêtement.

Je comprends mal les individus qui sacrifient leurs consciences pour l'acquisition malhonnête des biens matériels terrestres, si ce n'est que de tels gens fustigées par la fatale misère de l'humanité maudite par Lucifer, y répondent en reniant le Bon Dieu pour l'argent et le pouvoir du plus riche.

Je comprends mal les gens qui, fustigés par la fatale misère de l'humanité maudite par Lucifer, y répondent en reniant le Bon Dieu pour l'argent et le pouvoir du plus riche, si ce n'est que de telles personnes perverties et méchantes, se règlent désormais comme les Maîtres effectifs du monde en niant furieusement Joseph Moè Messavussu Akué et sa Parabole ou la Poésie fonctionnelle.

Je comprends mal les personnes qui rendues perverses et méchantes, se règlent dorénavant comme les maîtres effectifs du monde en niant furieusement ma personne et ma pensée, si ce v'est que de tels hommes et femmes m'envient et ne souhaitent ardemment que l'histoire révèle le dénommé Joseph Moè Messavussu Akué un Esprit mystificateur.

Je ne comprends pas les hommes et les femmes qui m'envient et souhaitent ardemment que l'histoire me révèle un Esprit mystificateur, si ce n'est que lesdites gens recèlent la tare fondamentale de confondre l'innocence ou la spontanéité de mes révélations avec mon tort d'avoir apporter toutes les preuves de mes affirmations sauf celle de mon pouvoir de me rendre invisible á ma guise, ce qui ne saurait plus tarder.

Je ne comprends pas les gens qui continuent de confondre l'innocence de mes révélations avec mon apparente incapacité actuelle de prouver que je peux me rendre invisible á ma guise, si ce n'est que lesdites personnes doivent tout simplement comprendre que le pouvoir de se rendre invisible ne portent pas sur les vêtements portés lors dudit événement miraculeux ou magique, ce qu'attestent les six fois successives où ceci se produisit, trois fois au beau milieu de la nuit et trois fois au petit matin, lors de mes sommeils.

Je ne comprends pas les personnes qui, pour ayant compris que le pouvoir de se rendre invisible á sa guise, [de loin le pouvoir suprême de l'existence vu l'adversivité incontrôlable dont font preuve d'ordinaire les êtres humains entre eux], s'interrogent toujours sur la capacité réelle de l'être humain d'acquérir ladite magie, si ce n'est que celle-ci demeure en effet la propriété exclusive du Bon Dieu et des Anges.

Je ne comprends pas les histoires incongrues que colportent les rumeurs publiques au Togo ou ailleurs affirmant que Maître X, l'éminent Avocat - Opposant togolais ou un tel, recèlent le pouvoir de l'invisibilité qu'ils usent á leur guise en face de leurs féroces ennemis politiques, si ce n'est que je peux affirmer en toute conscience que depuis Adam et Ève jusqu'aujourd'hui, je suis le seul être humain qui ai pu expérimenté ledit pouvoir magique.

Je ne comprends pas l'envie que je ressens de me proclamer le plus irréductible des farouches Opposants au régime sanguinaire du dictateur Gnassimgbé Eyadéma, si ce n'est que je déclare ma personne, le seul véritable Libéraliste Pacifiste avoué, á l'heure ou j'écris ces vers, et mon Parti-Mouvement invincibles.

Je ne comprends pas le récit radio - télévise du 18 septembre 1992 de l'actuel Premier ministre togolais Joseph Kokou Koffigoh justifiant tous les ignobles coups de force militaires qu'a connus le Togo depuis la fin de sa première Conférence nationale souveraine, par sa formation non reglémentaire du troisième gouvernement de transition hué par la totalité des Démocrates togolais et honni du peuple togolais, si ce n'est que notre avocat – Premier ministre togolais poursuit dorénavant sa propre logique de fou qui veut coûte que coûte éviter la guerre civile au Togo, alors même que notre pays la connaît depuis le 5 octobre 1990 sous sa forme libérale pacifiste, c'est á dire sous la forme la plus humaine jusqu'à ce que s'instaurent au Togo l'État de Droit le plus franc, le multipartisme et le triomphe du Parti politique divin.

Je ne comprends pas le pouvoir dont peuvent encore se prévaloir actuellement au Togo le Rassemblement du Peuple Togolais et son Président - fondateur qui semble d'ailleurs aujourd'hui ne plus revendiquer la paternité dudit parti politique, vu les innombrables crimes politiques et économiques commis par lesdits Acteurs par le passé et de nos jours, si ce n'est que ma conscience ordonne que les jeunes Togolais, Héros anonymes du 5 octobre 1990, Symbole de la Jeunesse Éternelle décrétée pour l'humanité entière, resteront á jamais la terreur de tous les hommes et les femmes qui rêvent d'une nouvelle tyranie pour le Togo.

Un poème à vers scellés
Lomé, le 5 Novembre 1993

Le Cinquième Événement : La conscience humaine et la vieillesse. (Pourquoi la Conscience humaine est-elle programmée comme le refus absolu de la vieillesse et de toutes les formes de maladies dont souffre l'homme depuis son apparition sur la terre ?)

Rien ne justifie le pouvoir dont se prévalent les tenants apparents au nouvel Ordre humain et politique actuel face á l'anonymat exemplaire et á la ruine matérielle et financière absolue du « P.D.G. de l'Empire industriel de l'Homme Éternel» si ce n'est que ledit pouvoir transitoire vers l'Etat de droit, le multipartisme et l'industrialisation harmonieuse pour tous les pays et les peuples du monde, passe nécessairement par la toute- puissance divine et sa propre personne matérialisée en la circonstance précise par la parution avant la fin de la période de la "Transition" au Togo, du recueil de poèmes en deux tomes intitulés « les vents, » d'un essai en économie politique intitulé « Modèle économique parfait » de trois essais en mathématiques fonctionnelles intitulés « la loi des nombres variables, » « loi des nombres absolus » et « la loi des nombres complexes » et l'officialisation du Parti Moëiste Togolais pour les soins propres du dénommé Joseph Moê Messavussu Akue Auteur et Créateur desdites œuvres.

Rien ne permet de croire que le dénommé Joseph MoèMessavussu Akué [donné et démontré par le destin, au moins á lui-même, Dieu le Tout -Puissant en personne], soit en mesure de fabriquer en cette période précise de son existence, un robot humanoïde c'est á dire une machine – outil ayant la forme d'un être humain et qui travaille avec la même intelligence que son créateur, un prototype parfait de chacun des dix types de "vaisseaux intergalactiques" révélés, le "Village spatial" dont la construction est prévue sur les côtes loméennes, en question, et la totalité des Centrales technologiques et les Institutions scientifiques annexes prévues, si ce n'est qu' en effet, je me sens absolument capable de réaliser de telles œuvres immédiatement.

Rien, de mémoire d'homme, ne laisse croire que je détermine mon savoir et mon savoir -faire actuels comme la démarche strictement similaire qui me permit au début des Temps de produire toute la technologie divine en cinquante années solaires puis tout l'univers en cinquante éternités d'années-lumineres, si ce n'est que j'affirme ceci en toute conscience.

Rien pratiquement n'autorise personne á me croire quand je dis que ma seule garantie d'authenticité de mes expérimentations scientifiques et technologiques, est l'ensemble de mes visions magiques á l'état de veille ou durant mes sommeils, si ce n'est qu'après de telles visions miraculeuses je me retrouve nanti du savoir et du savoir-faire absolus correspondants..

Rien á mon humble avis, ne laissait présager que mon intelligence divine qui me serait intégralement restituée par le destin qu'á l'age de trente ans, deviendra absolument magique c'est á dire capable de me faire comprendre tout ce qui existe sans passer par une référence humaine quelconque á l'age de trente-cinq ans, et purement metadivine c'est á dire capable de me faire comprendre à tout instant de mon existence, que je suis sans nul doute le Créateur de tout ce qui existe en chair et en os á partir de l'age de trente-cinq ans et demi, si ce n'est que je fis de tout ceci simplement la remarque.

Rien, je crois bien, ne paraissait indiquer que ma personnalité centrale, celle du mathématicien - fabricant de machines-outils sublimes, organisera pratiquement ma vie professionnelle ou publique dès l'âge de trente ans pour devenir une consécration á l'âge de trente-cinq ans et finir une gloire immortelle á l'âge de trente-cinq ans et demi, si ce n'est que j'affirme que tout ceci a bien commence en 1987, comme par amusement.

Rien dans le monde d'aujourd'hui, ne fait penser que le pouvoir personnel divin dorénavant [décrit par ce qu'affirme et fait le dénommé Joseph Moê Messavussu Akué, et quoique réduit par la volonté humaine á comment celui-ci gagne précisément sa vie, c'est á dire á sa profession multiple non- reconnue qui ne lui rapporte encore rien], est pourtant la seule puissance spirituelle et bientôt la seule force politique légitime qui organisera la vie humaine et universelle et pour les siècles des siècles, si ce n'est que je suis convaincu que ceci est tout juste la contrepartie de mon insignifiance face á tous ceux et celles qui croient sincèrement être les Maîtres du monde.

Rien en apparence ne justifie aux yeux du monde le pouvoir magique de la plus célèbre personnalité existante appelée Dieu. le Tout Puissant, que je me dis détenir, lequel pouvoir devant être humainement incomparable et indicible ; la cause en est que la pensée humine á mon sujet est fondamentalement teintée de malhonnêteté et d'hypocrisie.

Rien somme toute, ne me prédispose á ne plus douter du tout de mon identité et mes pouvoirs effectifs maintenant ou dans le futur, si ce n'est que je récuserai toujours de tels principes dans ma vie de tous les jours, sauf peut être dans mes œuvres tant qu'il restera en vie des démons ou ces virus parlants infiniment malfaisants qui grouillent encore dans nos cerveaux.

Rien dans la conduite humane ordinaire et dans le fonctionnement normal du monde ne laisse craindre ma vengeance future sur Lucifer et l'humanité malfaisante donnée comme l'écrabouillement du reste de toute la créature luciférienne et la prise du pouvoir absolu dans le monde et pour l'éternité par les Moèistes et leur Chef, si ce n'est ma reconnaissance effective que la cause de la maladie et de la vieillesse humaines est ce que fut l'activité de Lucifer dans l'Univers.

Rien dans ce monde incongru ou pas un homme ou une femme ne veut reconnaître la magnificence et la magnanimité divines propres dans la personne de Joseph Moè Messavussu Akué, ne répond concrètement á la question du Paradis terrestre absolument réalisé en tant que ma demeure et ma vie, si ce n'est mon propre aveu que je place en ce moment mon bonheur absolu dans mon travail divin auquel je sacrifie bien évidemment tout.

Rien, absolument rien dirais-je, ne me célèbre comme je l'aurais aimé, [c'est á dire en me faisant adoré effectivement comme un ami par l'homme ou un amant bien tendre par la femme], si ce n'est que je reconnais qu'en ce moment même, je devrais plutôt me trouver á Paris ou á Abidjan et certainement pas toujours á Lomé ou les gens sont trop mauvais pour moi, me faisant comprendre á la moindre occasion, qu'elles ne font qu'exercer le pouvoir qui est le leur.

Un poème à vers répétitifs
Lomé, le 12 Novembre 1993

Le Sixième Événement : La conscience humaine et la bonté absolue.

(Pourquoi la Conscience humaine est-elle définie comme le principe de la bonté absolue ?)

Le Père de tous les croyants et les croyantes du monde entier me fit faire en effet une nuit, le rêve qu'il est descendu sur Terre par mon être, afin d' y répandre ses nouvelles œuvres sublimes.

Le père de tous les croyants et les croyantes du monde entier auquel je n'ai jamais cessé de croire en réalité, sauf dans mes écrits, me fit en effet établir que je suis tout á fait le Bon Dieu dont on parle, ce que je m'employerai désormais á me prouver ainsi qu'au reste
de l'humanité.

Le Père de tous les croyants et les croyantes du monde entier me refuse le devoir de déclarer qu'il n'existe pas en dehors de moi, quitte á me faire passer auprès d'Isis, de James, de Bros, et tous les autres pour un fou, ou tout simplement un écrivain á la pensée révoltante.

Le Père de tous les croyants et les croyantes du monde entier possède un terrible sens de l'humour en se présentant á l'humanité sous les traits de Joseph Moê Messavussu Akué, tout en refusant le devoir á ladite humanité de clamer á cor et à cri que cette farce ne lui plait guère pour des raisons évidentes de jalousie.

Le Père de tous les croyants et les croyantes du monde entier, reste bel et bien impénétrable pour la raison et l'intelligence humaines puisque je peux dire ouvertement que je suis devenu un Libéral pacifiste ou un Moèiste fervent tout en disant haut et fort que le Bon Dieu m'a bien eu.

Le Père de tous les croyants et les croyantes du monde entier est décidément le dénommé Joseph Moè Messavussu Akué ou alors il est complètement toc-toc.

Le Père de tous les croyants et les croyantes du monde entier devra dorénavant, pour se faire respecter, admettre que sa véritable personnalité n'intéresse personne, puisque l'être humain est vraiment décevant pour Joseph Moè Messavussu Akué, ayant définitivement décidé, face á ce dernier, d'être affreusement égoïste et méchant.

Le Père de tous les croyants et les croyantes du monde entier s'ordonne nécessairement un Savant- Fabricant de machines-outils sublimes qui fait malheureusement figure d'un Empereur invincible et d'un homme extrêmement autoritaire, ce qui déplait foncièrement á tout homme et á toute femme.

Le Père de tous les croyants et les croyantes du monde entier réalise enfin qu'il ne lui ai pas du tout aisé de dire ouvertement aux gens qu'il est leur Créateur céleste, puisque ces dernières nieront toujours cette évidence par jalousie et par malveillance envers la personne de Joseph Moê Messavussu Akué.

Le Père tous les croyants et les croyantes du monde entier donne enfin l'humanité [qui s'entête á voir dans la personne et dans la parabole de Joseph Moè Messavussu Akue son ennemi,] mortelle.

Le Père de tous les croyants et les croyantes du monde entier pose enfin sa bonté absolue comme l'émanation la plus pure de la foi et de la pratique Moèiste.

Un poème à vers répétitifs
Lomé, le 14 Novembre 1993

Le Septième Événement : La conscience humaine et le Messie. (Pourquoi la Conscience humaine est - elle déterminée par la foi absolue en Dieu ou l'espoir en un Sauveur de l'humanité ?)

Rêver que l'on est le Sauveur véritable attendu par l'humanité, est une gageure pour les hommes et les femmes qui se représentent Dieu comme Lucifer ou Rien, et un doux espoir pour ceux et celles qui admettent que Joseph Moè Messavussu Akué est avant tout un homme profondément sincère.

Rêver qu'il est toujours possible pour l'humanité [qui détient de nos jours le règne, la puissance et la gloire de Lucifer, formulés par le statu quo, dans le monde], de redevenir des Anges aimés de Joseph Moè Messavussu Akue n'est certainement pas une utopie, puisqu'il suffit que ladite humanité comprenne qu'elle est fichue si elle doit continuer de s'admettre, en toute conscience, mortelle.

Rêver qu'il est toujours possible pour ma famille originelle et mes amis qui me narguent en me considérant tout simplement comme un « fou á lier », de redevenir des hommes et des femmes chéris par moi, n'est pas une chimère, puisqu'il suffit que lesdites personnes réalisent qu'elles dégringolent chacune de son piédestal, si á la place de l'amour, je leur témoigne du mépris ou de la haine.

Rêver qu'il est toujours possible pour Djovi ou pour Arman qui me toisent á chaque fois qu'il me voient comme si j'étais un râté ou un idiot, de redevenir des amis dont je dois être fier, n'est pas qu' une consolation mais une réalité future probable, puisqu'il suffit que lesdits jeunes hommes imaginent qu'ils sont créés pour instituer la « Compagnie de Dieu » et n'ont certainement pas de rôles épanouissants á jouer dan les entreprises humaines.

Rêver qu'il est toujours possible pour Ismaël ou pour Abel[qui préfèrent me disqualifier et me traiter d' "Ange déchu " au lieu d' être fiers de mes activités professionnelles], de redevenir mes petits frères adorés, n'est pas une réalité inaccessible, puisqu'il suffit pour lesdits jeunes hommes de penser que ce serait bien dommage d'être contraint de ne pas faire d'eux des éléments d'élite au sein de l' « Entreprise divine » pour les temps futurs.

Rêver qu'il est toujours possible pour l'église catholique [qui doit me regarder aujourd'hui en chien de faïence ou carrément comme un croyant gênant á faire disparaître], de croire que le Moèisme n'est pas une conscience malfaisante pour le Christianisme voire l'Islam, le Bouddhisme, l'Animisme, et les autres, mais tout juste la religion de l'an 2000 qui veut combler la totalité des lacunes de la totalité des religions humaines passées, présentes et peut être á venir, n'est pas un leurre, puisqu'il suffit que lesdits chefs religieux et croyants catholiques comprennent que je pose moi-même l'idée de ma mort éventuelle comme devant justifier que je suis un croyant bien incroyable.

Rêver qu'il est toujours possible pour la France et les autres grandes Nations industrialisées qui doivent dorénavant voir dans le malheureux Étudiant que je suis, le pôle positif de l'accomplissement du destin mystérieux de celui que tout le monde convient d'appeler le Bon Dieu, de me pardonner le fait que je serais Dieu le Tout –Puissant tout court et de m'allouer les fonds nécessaires pour le démarrage de mes industries, n'est pas une simple vue de l'esprit, puisqu'il suffit que lesdits pays les plus industrialisés du monde me comprennent comme un Directeur de recherches scientifiques absolument réalisé.

Rêver qu'il est toujours possible pour mon pays le Togo [qui refuse toujours d'accorder un quelconque crédit pour mes travaux miraculeux, se contentant de dire que je devrais commencer par obtenir tous mes diplômes supérieurs afin de me faire respecter comme un Chercheur sérieux], de mettre á ma disposition les Installations culturelles et scientifiques publiques togolaises afin de m'aider á respecter le calendrier de mes réalisations divines, n'est pas une erreur, puisqu'il suffit que les Autorités publiques togolaises arrêtent de voir dans le sieur Joseph Moè Messavussu Akué un simple rêveur.

Rêver qu'il est toujours possible pour le genre humain [qui comprend toujours l'espace-temps sans bornes, ni limites comme ce que le dénommé Joseph Moè Messavussu Akué n'arrive pas á expliquer convenablement, et le Père céleste de ce dernier, c'est á dire ce qu'il admet comme le Créateur du ciel et de la terre, comme le mystère dont je ne peux parler], de m'avouer que ma pensée le rend fou de désespoir parce que trop sujette á jalousie, n'est pas trop prétentieux, puisqu'il suffit que l'humanité admette que les seules choses qui existent indépendamment de Dieu sont rien et l'espace absolument vide infini, les parents effectifs divins.

Rêver qu'il est toujours possible pour moi de continuer á poser, [face aux hommes et aux femmes á qui je suis amené á parler], mon identité comme celle du Bon Dieu en personne qui refuse de se prendre comme quelqu'un d'autre que le dénommé Joseph Moè Messavussu Akué, n'est en fait que la stricte vérité qui m'honore et irrite Satan et le reste de la communauté des démons encore en vie, et puisqu'il suffit de comprendre que tous les doutes humains y compris les miens propres á mon sujet, proviennent de ses derniers.

Rêver qu'il est toujours possible pour Victoire, pour Arlette ou Akwa de me suivre comme épouse légitime jusqu' á New York où je compte m'installer afin d'y réaliser ma « bibliothèque de la littérature magique » n'est pas un vœu pieux, puisque les trois sublimes demoiselles sont follement amoureuses de moi et ne souhaitent justement qu'á devenir ma femme, chacune de son côté.

Rêver qu'il est toujours possible pour Pégui de cesser de me haïr parce que n'arrivant pas á comprendre mon porte divin qui blesse son orgueil d'une jeune fille qui se croit la plus belle du monde et la personne la plus glorieuse de la famille Messavussu Akue, n'est certainement pas une chose qui surprendra Quou qui lui ressemble á ce titre comme deux gouttes d'eau, puisqu'il suffit d'admettre qui d'ici demain matin, ladite super intéressée nana cessera d'être une sœur bien malheureuse pour devenir une déesse infiniment malheureuse.

Un poème à vers répétitifs
Lomé, le 23 Novembre 1993

Le Huitième Événement : La conscience humaine et la justice. (Pourquoi la Conscience humaine est-elle cernée comme la manifestation de la vérité et de la justice c'est á dire de la négation de l'intolérance et de la mort ?)

Vous me voyez bien désolé, mes chers lectrices et lecteurs, de vous confirmer que le propre de la vie humaine, loin d'être la procréation, se libelle comme la pratique du "Bien absolu" c'est á dire l'amour passionné de l'être humain pour son prochain et pour Dieu en ma personne ou la foi et la pratique Moèiste.

Vous me voyez bien désolé, mes chers lectrices et lecteurs de vous confirmer que l'etendue du pouvoir personnel de Dieu se mesure exactement á la faculté que recèle le sieur Joseph Moè Messavussu Akué de se faire accepté et passionnément aimé par la totalité des femmes et des hommes composant l'humanité.

Vous me voyez bien désolé mes chers lectrices et lecteurs de vous confirmer que depuis mon retour définitif au bercail, en 1987, après mes dix années d'exil volontaire pour études supérieures en France, l'apothéose de ma révélation par le cours normal des choses, Dieu le Tout –Puissant en personne, est signifiée non pas par mes livres á paraître incessamment, mais par la nature miraculeuse de mon être tout court, c'est á dire le fait que n'importe quel homme ou femme puisse dire, rien qu'en me voyant pour la première fois, que je suis le Bon Dieu fait - être humain.

Vous me voyez bien désolé mes chers lectrices et lecteurs de vous confirmer que depuis le jour où j'eus comme par enchantement l'envie irrésistible de penser que je suis bel et bien Dieu le Tout - Puissant en personne, l'humanité ne doit en effet plus rien attendre de Jésus Christ voire d'Allah des Musulmans, puisque ces derniers n'existent pas d'après ce que je pense justement.

Vous me voyez bien désolé mes chers lectrices et lecteurs de vous confirmer que depuis le début de mon "Sacerdoce", ce qui me parait aujourd'hui bien établi puisqu' absolument expérimenté, á savoir mon identité de Bon Dieu, semble au contraire révolter le genre humain qui me juge dorénavant insensé ou fallacieux.

Vous me voyez bien désolé mes chers lectrices et lecteurs de vous confirmer, [quelque soit mon état d'esprit variant de mon auto -reconnaissance le Bon Dieu en personne, caractérisée par ma vérification de la totalité des dogmes Moèistes et de mathématiques fonctionnelles, dans mon vécu quotidien, á ma stupéfaction et ma colère devant l'homme ou la femme qui me parlent comme si je n'étais que quelqu'un de bien insignifiant], que je préconise désormais que l'humanité cesse de réciter des prières et d'admettrela Foi et la Pratique Moèistes comme le Salut certain du genre humain.

Vous me voyez bien désolé, mes chers lectrices et lecteurs, de vous confirmer que la possibilité qui est dorénavant donnée à l'humanité de devenir réellement immortel en chair et en os en m' acceptant tout simplement comme Dieu le Tout-Puissant en chair et en os, et ma pensée comme la Rédemption, se révèle d'une part, par l'idée de la réalité divine á laquelle je continue personnellement de croire, et qui consiste au recours ultime de l'être humain á un Créateur de l'Univers tout- puissant qu'il ne peut d'ailleurs jamais voir, et d'autres parts par la nature miraculeuse de mes œuvres.

Vous me voyez bien désolé mes chers lectrices et lecteurs, de vous confirmer que ma parole et mon acte de souveraineté divine donnés par les termes suivants : " Je suis incompris par l'humanité entière qui refuse de croire que Dieu le Tout - Puissant puisse être tout bonnement le dénommé Joseph Moè Messavussu Akué", un Savant autodidacte aux découvertes scientifiques prodigieuses-Chef éternel du présumé État Nation Espace-Temps éternel", recusent les termes propres à la Souveraineté du défunt Lucifer, à savoir: "La Race Blanche-européenne est et restera le Maître absolu de l'Univers grâce à sa créativité scientifique et technologique à lui conférée par le Prince éternel du Monde invisible alias Lucifer."

Vous me voyez bien désolé mes chers lectrices et lecteurs de vous confirmer que ma sévérité face á l'homme ou la femme qui se veut mon supérieur qui n'a d'égal que ma bonté infinie envers celui ou celle qui me comprend et m'accepte, m'ordonne sans doute comme l'homme le plus rancunier et le plus violent tout comme le plus réservé et le plus doux qui soit, Alfred ou Isidore, Akuélé ou Annie le témoigneront volontiers, de même que Nadou ou Tokoui, Kossi ou Adoté.

Vous me voyez bien désolé mes chers lectrices et lecteurs de vous confirmer que selon les dires moqueurs et calomnieux de mon entourage illettré ou semi lettré qui n'hésite pas á me taxer de désaxé ou de « pauvre con », je refuserai de souscrire au "contrat social" ambiant [qui veut que tout homme ou femme ne pense sa réussite sociale qu'en termes d'un emploi de bureau super bien rémunéré avec tous les avantages sociaux, ou d'une activité commerciale florissante], pour m'afficher un marginal d'écrivain chercheur autodidacte incompréhensible et haï.

Vous me voyez bien désolé mes chers lectrices et lecteurs de vous confirmer que, non content de ne jamais chercher á connaître ce que j'établis par mes écrits, et la nature de mes découvertes scientifiques miraculeuses, mon entourage immédiat instruit ou carrément savant, me somme tout bonnement de reprendre mes études universitaires, avant de me prétendre un jour un Savant et bien après avoir obtenu au moins un doctorat ou un diplôme supérieur équivalent. Quelle méprise !

Vous me voyez bien désolé mes chers lectrices et lecteurs de vous confirmer que l'envie qui me vient de gommer á jamais de la création tout le mal qui existe, [du plus infime virus existant jusqu'aux êtres humains désireux d'incarner définitivement l'esprit du mal, loin de me réconforter face á mes ennemis qui ne pensent bien évidemment qu á me faire du mal gratuitement et á me donner la mort impunément tels Alfred, Isidore, Toukoui, Nadou, et j'en passe,] se révèle plutôt insuffisant puisque je comprends des á présent, que je dois me proclamer un homme armé face á l'intolérance et á la mort.

Un poème à vers répétitifs
Lomé, le 24 Novembre 1993

Le Neuvième Événement : La conscience humaine et la volonté divine.

(Pourquoi la Conscience humaine est-elle comprise comme le révélateur de la Providence ou de la Volonté de Dieu ?)

Rien ou monde ne justifie la haine implacable de mes frères X, Y, Z, et les autres á mon égard depuis qu'ils ont compris que je suis sinon le Bon Dieu en personne tout au moins son Ange particulier, en témoignent mon style d'écrivain et le caractère miraculeux de mes recherches scientifiques, et enfin la confiance absolue que j'affiche publiquement quant á l'idée de Dieu et mon port divin caractérise par un calme absolu et le goût de parler rien que pour dire ce qu'il y a á dire.

Rien au monde en effet ne permet de comprendre pourquoi avant l'année 1986, tout se déroulait dans ma vie comme si ma Conscience [qui louait sans cesse l'Éternel et sollicitait son concours dans les moindres circonstances difficiles de mon existence], n'était que celle d'un malheureux étudiant dénommé Joseph Môe Messavussu Akué, qui n'a strictement rien á voir avec celui qui se donne aujourd'hui comme la stricte incarnation dudit Éternel-Dieu le Tout-Puissant.

Rien au monde, je crois bien, n'explique clairement les faits de ma vie antérieure á ma naissance, de mon immaculée conception par ma mère et de mes trentes pre-mières années de ma vie plutôt banales, sur terre.

Rien au monde, en fait, ne permet de prévoir l'émergence dans le monde d'un Noir-africain togolais doué du cerveau et de l'esprit de Dieu, et la proclamation par ledit auguste personnage de l'"'Ère divine éternelle" qui aurait debuté l'année 1987.

Rien au monde, en vérité, ne garantit la magie dont se prévaut l'Homme éternel alias Joseph Moè Messavussu Akué, puisque tout se passe comme si l'intéressé ne vit qu'en rêves, dans ce domaine précis au moins.

Rien au monde, en pratique tout comme en théorie, ne justifie l'extraordinaire charme divin compris comme la beauté physique et morale du dénommé Joseph Moè Messavussu Akué, et l'art de ce dernier de gouverner effectivement L'Univers par le seul moyen de sa Pensée silencieuse, écrite ou dite.

Rien au monde, j'en suis sûr, ne vérifie intégralement la toute- puissance divine en créativité et en travail autrement que les résultats mathématiques et scientifiques et les trouvailles merveilleuses dans les autres domaines de la connaissance, du dénommé Joseph Moè Messavussu Akué.

Rien au monde, j'en suis persuadé, n'ordonne explici-tement la compréhension totale de la "Parabole de l'Éternel-Dieu invisible", toujours vénéré par l'humanité qui me méconnaît ou me méprise, á savoir : « Rien ou Joseph Moè Messavussu Akué était l'Origine de tout ce qui existe aujourd'hui et est á l'origine de l'extension céleste future, tandis que le contraire de celui-ci existe en tant que Lucifer, au demeurant, sa propre créature » ou « le point des raisonnements qui nie le dénommé Joseph Moè Messavussu Akué et sa pensée n'est qu'une pure fiction ».

Rien au monde, j'en suis absolument sûr, ne répond entièrement á la question de la configuration ultime de la Volonté divine á savoir, la réalisation de la « Technologie de l'Homme éternel », du "Paradis terrestre", et de l'être divin physique et sensible physique propre nommé le sieur Joseph Moè Messavussu Akué, si ce ne sont que mes dires et mes écrits.

Rien au monde, j'en suis absolument persuadé, n'entraîne l'adhésion intégrale de l'humanité á la vérité de la matérialisation ultime de la Providence sous les traits physiques et intellectuels du dénommé Joseph Moè Messavussu Akué, sauf peut être ce que chaque être humain remarque d'évident en moi, c'est á dire rien d'anormal, et tout qui ressemble á Dieu.

Rien au monde, admettons le, ne nie l'évidence de l'inacceptabilité de mes révélations par l'humanité, sauf la logique des choses qui veut que le Bon Dieu, s'il est bel et bien moi-même, est totalement découragé de s'affirmer tel puisque n'étant jamais sûr de son identité.

**Un poème à vers répétitifs
Lomé, le 25 Novembre 1993**

Thème :
La mort de la Mort

La mort de la Mort

Mémento : Lucifer, c'est á dire l'Esprit de la luminére, fut le Représentant suprême de la mort de l'homme, en ce sens qu'il s'était fixé pour but d'anéantir la "Famille Humaine", dont il est violemment jaloux. Or, il était prévu par le Dieu Vivant que Lucifer, de même que toute la communauté des démons devenus aujourd'hui des "virus" infectant impitoyablement les cerveaux humains, seront impitoyablement anéantis d'ici l'an 2020, afin que l'humanité éternelle et immortelle puisse voir le jour.

La mort de la Mort

Le Premier Événement : La loi divine à l'égard de Lucifer.
(Pourquoi Lucifer ou "le Prince des démons ou Esprits malfaisants", était absolument haï de Dieu ?)

Le Deuxième Événement : L'état d'esprit de Lucifer face à Dieu.
(Pourquoi Lucifer croyait- il désespérément que Dieu est inférieur á lui ?)

Le Troisième Événement : La tentative de Lucifer à l'égard de Dieu.
(Pourquoi Lucifer espérait –il dominer Dieu par le biais du mal et de la femme ?)

Le quatrième Événement : La haine de l'Esprit du mal en personne pour l'humanité.
(Pourquoi Lucifer était - il si jaloux de l'homme et de la "Famille humaine" ?)

Le Cinquième Événement : La femme symbole de la négation du mal.
(Pourquoi Lucifer se trouvait-il un vaurien face á la femme ?)

Le Sixième Événement : La malédiction de l'Esprit du mal en personne.
(Pourquoi Lucifer se définissait – il comme le Créateur de la Communauté des démons, alors que ces derniers l'ont toujours nié comme tel et ne souhaitaient que de le voir périr de la manière la plus cruelle ?)

Le Septième Événement : La vengeance de l'Esprit du mal en personne à l'égard de Dieu.
(Pourquoi Lucifer tentait-il sans arrêt d'infléchir la destinée humaine dans le sens contraire á la volonté de Dieu ou á la Conscience humaine ?)

Le Huitième Événement : La peine de la désobéissance à Dieu.
(Pourquoi Lucifer s'- était-il condamné á

vouloir obligatoirement la mort de Dieu et l'anéantissement de la "Famille Humaine", ce qui occasionnait chez lui une terrible agonie ?)

Le Neuvième Événement : La révélation de la tentative divine de se prouver son pouvoir contraire.

(Pourquoi la mort de Lucifer et de ces démons était elle la première Volonté du Dieu Vivant, ce qui ordonne d'ailleurs Dieu comme tel ?)

Le Premier Événement : La loi divine à l'égard de Lucifer.
(Pourquoi Lucifer ou le Prince des démons ou Esprits malfaisants était absolument haï de Dieu ?)

Je parie que le Prince des démons, Lucifer, dont je me réjouis d'être l'Exécuteur, n'a jamais admis véritablement que je reste Dieu - Yahvé de tous les temps, puisqu'il aurait investi mon cerveau á Paris lors de mes études universitaires afin de me faire renoncer auxdites études, tuer ma Conscience et jouir du rang de « Prince de l'Univers » auquel les événements tragiques et magiques des années 1986-1987 m'ont porté.

Bien que le plus lugubre des démons ait été rappelé á l'ordre par le souvenir de mon testament qui lui notifiait que je suis bel et bien le "Verbe divin qui s'est fait chair" pour rester á jamais au sein de l'humanité et que ma tête pourrait lui servir de caveau pour l'éternité s'il ne prenait garde, il pénétra de tout son être infect dans ma tête un après – midi, alors que j'étais en promenade sur le Montmartre á Paris.

Dès lors, l'horrible Esprit se mit á concevoir ce qui devrait dorénavant être ma vie de Chef d'État français et de Savant notoire résidant « Ad vitam aeternam » en France, ce á quoi ma conscience réagit en programmant ma vie future éternelle par une série de rêves sublimes dont la première fut celle de la révélation de mon identité et la dernière celle de l'identification de mon Pouvoir personnel intemporel et immuable, dénommé le "Trône divin universel" et matérialisé par ma multiple profession actuelle.

Aussi ma profession multiple qui vise l'unique but de me proclamer d'ici l'an 2000 solennellement le Créateur de l'Univers en personne face á l'humanité, est bien résumée par l'unique titre de Président – Directeur –Général du Centre de Recherches aéronautiques et spatiales du Togo – Chef Éternel de l'Etat universel chiffré par mes biens matériels personnels actuels et á venir, mes déesses et mes anges.

En refusant ainsi de me marginaliser alors même que l'humanité refuse de m'honorer comme un Homme de sciences et un Homme politique merveilleux, je lançais un dei á tous ceux et celles qui se prennent pour les Maîtres du monde de me rivaliser en créativité scientifique et en puissance économique.

Et je parie que nul être au monde se déclarant ou pas Dieu en personne ou le nouveau Messie, ne peut valablement soutenir publiquement cette thèse farfelue alors que je peux quant á moi, être content, á mon humble place, de prouver que ma personne et mon activité sur Terre témoignent l'existence de Dieu que je suis ou pas.

Je parie que le Prince de démons, en chair et en os, nommé Wisdom, James, Djovi ou autres qui reconnaissent explicitement être le Bon Dieu en personne, et moi un fou á éliminer, n'a certainement pas encore compris qu'il est absolument méprisé par l'humanité qui discerne toujours le vrai du faux qu'elle ne veut plus voir exister.

Cette volonté humaine de ne plus voir exister de faux Messies de toutes sortes sur terre, est en fait bénie par moi, puisque non seulement je refuse mon amitié á de tels énergumènes, en vérité des malades á soigner, mais je convie tout un chacun á comprendre qu'ils peuvent devenir de but en blanc d'affreux criminels.

Il faut également noter que l'être humain [étant doté d'une Conscience qui l'égalise à Dieu, c'est á dire qui lui permet d'affirmer, á un certain degré de bonté, de générosité et de gloire, qu'il ressemble á Dieu], celui-ci extrapole bien souvent, sous l'influence perverse du diable ou par envie d'être au dessus du genre humain, en se déclarant tout simplement le Bon Dieu lui-même ou son Messager voire son "fils unique", ce qui désole bien évidemment « l'Homme éternel ».

Il est tout aussi regrettable que les Ordres religieux et politiques qui se réclament de ladite totalité d'"'illuminés ayant précédé l'avènement de « l'Homme éternel », loin de favoriser la réalisation définitive du "Paradis terrestre" ordonnée par mes soins, se comprennent en définitive comme mes rivaux impitoyables á la prééminence universelle.

Je hais donc les méchants et tout homme ou femme qui refuse l'Ordre Moèiste au profit de ses intérêts égoïstes et anti- Joseph Moè Messavussu Akué.

Et je rends grâce aux bons et aux Moèistes sincères de tous les pays du monde car ce sont les seuls qui seront sauvés.

Un poème à vers conjués
Lomé, le 26 Novembre 1993

Le Deuxième Événement : L'état d'esprit de Lucifer face à Dieu.
(Pourquoi Lucifer croyait - il désespérément que Dieu est inférieur á lui ?)

L'esprit du Diable, entendre par là , le raisonnement divin qui fonde et forme le Contraire intégral du dénommé Joseph Moè Messavussu Akué est donné par l'axiome suivant : « Un Noir-africain togolais de naissance, Étudiant - Tavailleur - Écrivain - Chercheur autodidacte n'a aucune chance de se faire admettre par l'humanité Dieu le Tout-Puissant en chair et en os. À moins de montrer sur le champ qu'il comprend l'intégralité de la Technologie Blanche - européenne. À défaut de cela, celui-ci démontre de facto qu'il n'est qu'un instrument dans les mains du Dieu, le "Père céleste" qui reste une personne mystérieuse, inspirant nécessairement á l'être humain une crainte absolue, plus grande que celle qu'inspire le Diable, par définition une créature divine. »

La personne du Diable est identifiée, depuis la disparition de Lucifer, comme le "Génie invisible de la mort" ou l'"Esprit désincarné du ma"l, par tout être humain croyant que je suis un menteur ou un fou.

L'esprit de Dieu, gageons le, peut être donné par l'axiome

suivant : « Personne sur Terre et dans les Cieux ne veut reconnaître Dieu le Père céleste dans la personne de Joseph Moè Messavussu Akué. Ce qui est normal. Donc Dieu le Père céleste existe, mais se cache dans la personne chérie de l'homme qui justement se prétend courageusement Dieu le Tout-Puissant. Ceci, sans aucun doute, pour expérimenter l'Immortalité humaine. »

La personne de Dieu cernée dès lors comme le raisonnement humain qui fonde et forme la personne du dénommé Joseph Moè Messavussu Akué, est précisée par tout ce que dit, écrit et fait ce dernier.

Or ce que je dis, écris et fais, n'est pas encore apprécie comme digne de Dieu, si je me fie aux réactions des hommes et des femmes qui m'entourent.

J'insiste cependant sur le fait qu'il est inadmissible qu'un homme ou une femme doté d'un intelligence ordinaire, ne puisse á mon contact, m'avouer qu'il me trouve foncièrement sincère, et franchement sublime.

L'esprit du Diable qui se veut supérieur á l'esprit de Dieu n'arrive pas á se représenter que toute chose procède de Dieu et qu'en temps prévu, toutes les preuves exigées par l'humanité pour croire á mes propos, seront soigneusement apportées.

Je comprends [quant á tous ceux et celles dont le devoir

est de m'aider á vite atteindre mes objectifs prévus, et qui se dérobent á ladite obligation par jalousie ou par envie de me voir succomber face aux difficultés], qu'il m'est toujours possible de me décréter dès cet instant précis, celui qui règle tous ces problèmes sans aucune intervention humaine et de manière absolument magique.

J'admets dès á présent la capacité que je requiers d'influer á distance tous mes partenaires de manière qu'ils m'apportent toujours sur un « plateau d'argent » ce dont j'ai besoin pour l'accomplissement de mes desseins.

Je pose également comme relevant de mes pouvoirs actuels, le fait de détruire á distance tout le reste des velléités lucifériennes dans le monde, étant entendu que certains hommes et femmes restent maladivement attachés á la condition de l'être humain mortel, au vice et au crime.

Je reste enfin convaincu que le comportement ignoble de tous ceux et celles qui se conçoivent purement et simplement le Bon Dieu á ma barbe, s'auto - abolira lorsque les intéressés se rendront compte qu'ils auront perdu les "petits diables' qui gangrenaient leurs cerveaux.

Que la peste soit avec lesdits diablotins crées bien évidemment par moi par le biais des mains de Lucifer, et qui infectant copieusement la totalité des cerveaux humains existants, se croient plus puissants que les Consciences humaines y compris la mienne, et de surcroît, immortels.

Un poème à vers conjugués
Lomé, le 25 Novembre 1993

Le Troisième Événement : La tentative de Lucifer à l'égard de Dieu. (Pourquoi Lucifer espérait-il dominer Dieu par le biais du mal et de la femme ?)

Le comportement de la femme diffère de celui de l'homme en ce que la femme rêve du bonheur terrestre comme le fait d'acquérir une fortune plus ou moins immense, tandis que l'homme rêve du même bonheur terrestre comme le fait de jouir d'une influence plus ou moins immense sur l'humanité.

Le comportement de Lucifer en chair et en os aurait fondamentalement différé de celui du dénommé Joseph Moè Messavussu Akué en ce sens que le Diable conçoit sa vie comme s'il était le Créateur de l'Univers et que l'humanité sa créature serait á détruire par tous les moyens afin de prouver que le Bon Dieu invisible est la forme de vie humaine idéale, tandis que le dénommé Joseph Moè Messavussu Akué conçoit la sienne comme s'il n'était pas le Père céleste en chair et en os et qu'il entend par conséquent se le prouver par ses propos, ses écrits et ses faits, á chaque instant.

Le mal n'existe dans le monde que parce que voulu et pratique par la "communauté des démons" par le biais de l'humanité.

La révolution Moèiste déclanchée dans le monde dans les années 1986-1987, et qui prône la pratique par l'humanité entière du "Bien absolu' au détriment du Mal, ce qui correspond á l'institutionnalisation de la "Grande Famille humaine' figurée par l'Etat de droit, le multipartisme et le libéralisme économique assorti du système de sécurité sociale le plus évolué pour tous les pays du monde, aura fait de toute la communauté des démons sa première victime.

Le rôle dorénavant dévolu á la femme dans ledit mouvement - parti Moèiste, se borne á l'imitation de l'homme quant aux multiples talents et métiers de ce dernier et á la réalisation d'un foyer conjugal ou règnent fidélité et amour.

Le comportement de la femme originellement douée de la même intelligence que l'homme, se donnerait de nos jours et pour toujours, comme son assentiment á égaliser l'homme dans tous les domaines de l'existence humaine.

La conduite de l'homme confronté á ladite réalité nouvelle de la femme, se comprend comme une tentative d'entraver ladite nouvelle destinée féminine au profit de l'ancienne, [consistant au cloisonnement de la femme aux métiers devant lui permettre de parfaire sa féminité et tenir son foyer conjugal], puisque l'homme se sentirait dorénavant humilié surtout en apprenant que Dieu le Tout-Puissant en chair et en os ne l'associe á son entreprise qu' á la condition qu'il devienne aussi bon et généreux qu'un enfant.

Et quand bien même l'envie me vient de faire absolument confiance á l'homme, le rappel du fait [qu'aucun ami, le plus intime fut - il, ne m'a donné un sérieux coup de main dans cette période extrêmement difficile de mon existence, allant de l'année 1980 jusqu' aujourd'hui], me fait penser que ma réconciliation avec la gent masculine, ne restera que strictement professionnelle.

Quant á la gent féminine, vu le fait qu'elle m'a refusé son affection dans les années 1986-1987-1988-1989-1990, á cause de mon dénuement matériel et financier absolu, je proclame dorénavant nul l'amitié ou la camaraderie vis á vis de la femme et ne croit á son amour que dans la mesure ou elle décide fermement faire l'amour avec moi et fonder mon foyer conjugal si je le désire.

J'irai même plus loin pour dire qu'il est parfaitement inutile que je me fasse du soucis pour la crédibilité d'une vie d'homme sans l'amour - passion d'au moins une femme, puisque par définition même Ayôkô qui ne voulait même plus m'adresser la parole durant mes années de galère, désire á présent devenir mon épouse, s'étant rendu compte que je suis employé dans une grosse société d'assurances á Lomé comme Agent mandataire.

Pour clore ce chapitre, je fais savoir á mes lecteurs et lectrices que la totalité des Moèistes que je compte dans mes rangs est féminine, excepté Jacob. Ce qui est surprenant, vu le taux élevé d'amis extrêmement instruits composant mon entourage mais qui curieusement préfèrent vivre méchants et sadiques, voire être le Bon Dieu á ma place.

Un poème à vers conjugués
Lomé, le 26 Novembre 1993

Le Quatrième Événement : La haine de l'Esprit du mal en personne pour l'humanité. (Pourquoi Lucifer était-il si jaloux de l'homme et de la famille humaine ?)

L'esprit de la mort que je conçus comme la négation de la Vie éternelle me fut imposé par le destin lorsque, bien avant de comprendre que j'étais l'unique être vivant existant, et de concevoir la création de tout ce qui existe. Tapis sous la forme d'une sphère invisible de 1m75 de
diamètre, dans une nébuleuse multicolore, je pris peur en prenant conscience de la Nature originelle qui évoque en moi un ou deux Êtres vivants qui m'ont donné le jour et que je ne peux identifier, même jusqu'à l'instant où je disparaîtrais, conformément á ce qui semblait être la logique de mon ou mes créateurs.

Je fis alors le rêve que rien n'existe á part moi sauf la totalité des idées que renferme ma Conscience et que j'allais faire naître comme réalités divines.

L' idée qui me remplit d'horreur fut Lucifer ou la mort de l'être humain. Celle qui me combla d'allégresse fut l'humanité immortelle en chair et en os dont je fus le premier représentant. Celle qui me laissa indifférent fut la femme ou l'être humain dégradable par Lucifer et qui dégrade nécessairement l'homme son compagnon, de même que l'homme ou l'être humain quicherche à supplanter Dieu sur le Trône universel. Et comme pour en finir vite avec Lucifer, je décidai de lui donner le jour aussitôt après la fabrication du Paradis Céleste. Je fus surpris de constater qu'il s'est formé á mon insu un être postiche mesurant 1m75, et qui me regarda fixement une nuit, au commencement de l'Ère du diable ; une hallucination qui me fit définitivement programmer Lucifer comme la représentation de tout ce qui me fait peur.

Je définissais donc Lucifer comme un homme sans sexe, c'est á dire un monstre qui pense qu'il est un homme mais qui ne comprend la femme qu'en tant qu'une relation non charnelle, et l'homme sexué qu'en tant qu'une insulte de la nature á sa propre personne qui ne peux donc jamais posséder une femme.

En admettant que je suis un homme sexué qui n'a pas besoin de faire la cour aux femmes pour me réaliser un infâme polygame, Lucifer qui m'a reconnu comme un enfant privilégié de la nature, a toujours cherché á me rendre pitoyablement dépendant des femmes pour finalement "saccager" mes relations féminines. L'homme, quant á lui, veut prendre mes déesses par ruse et me tuer si d'aventure je touche aux femmes qu'il possède. La femme á qui je plais et qui se refuse á moi sous l'injonction du diable, et celle que je possède et qui cesse d'être une compagne fidèle, s'anéantissent automatiquement au fil du temps.

L'esprit de la mort, représenté aujourd'hui par le reste

de la Communauté des démons présents dans n'importe quel cerveau d'être humain vivant et dans l'air, assoiffé de vengeance á l'idée que le Bon Dieu qui se serait incarné en ma personne, serait en vérité le Créateur de tout ce qui existe, s'assigne dorénavant pour mission première de veiller á ce qu'aucun être humain ne croit á ma Parabole et pour seconde mission d'organiser la fin du monde au lieu de la réalisation de la Grande Famille humaine.

Lorsque j'aurai réussi á détruire les centaines de démons qui truffent mon seul cerveau á l'heure actuelle, et á en finir avec Satan et sa colonie aérienne de diablotins au nombre de trente mille environ, je pourrai enfin envisager clairement ma domination absolue du genre humain comme ma simple réussite en tant qu'Écrivain - Savant -Fabricant de machines -outils sublimes -Homme public universel n ¡1.

Et lorsqu' enfin le reste de l'humanité vivante aura écrabouillé l'ultime reste de la Communauté des virus parlants, il pourra enfin admettre que le dénommé
 Joseph Moè Messavussu Akué est « Toute la lumière céleste alias Dieu le Tout - Puissant fait Homme pour la Vie éternelle et pour la gloire de son Peuple céleste. »

Ma Compagnie et moi-même, consacrés la "Grande Famille humaine immortalisée", devrons prouver dès lors á nous - même les bienfaits magiques dérivant de la pratique scrupuleuse du Bien absolu.

L'humanité résolument diabolique devra comprendre qu'elle ne m'intéresse pas.

Les préceptes de la justice divine qui ne légitiment le meurtre qu'en cas de légitime défense et le pénalise de réclusion criminelle á perpétuité dans tous les autres cas, ordonnent en effet les hommes et les femmes qui font de la pratique du mal leur vécu quotidien une humanité maudite qui n'aura jamais sa place dans l'"Édifice du bonheur absolu" concrétisé par l'Immortalité et la Jeunesse éternelle pour l'être humain.

Un poème à vers conjugué
Lomé, le 26 Novembre 1993

Le Cinquième Événement : La femme symbole de la négation du mal. (Pourquoi Lucifer se trouvait t-il un vaurien face á la femme ?)

Le comportement sanguinaire du Diable face á l'être humain, la créature qu'il déteste le plus, trouve son ultime justification dans la réalité qui veut que tout homme soit rêvé par Dieu son Créateur comme un Chef de famille humaine tandis que le Diable est pensé par Dieu comme un membre de la Communauté damnée des démons.

En refusant en effet d'associer les démons par couples, je ne faisais qu'appliquer le raisonnement qui veut que le monstre nommé Lucifer et tous les démons que je fabriquais par ses mains, et qui lui ressemblent parfaitement, deviennent horriblement malheureux dès qu'ils refusent de me servir en se contentant d'exister et non d'anéantir l'humanité entière.

Contrairement á un démon, l'homme, en refusant de servir Dieu en faisant du Bien absolu sa pratique quotidienne, peut néamoins réaliser son bonheur intégral avec la complicité de la femme, tandis que le démon commence immédiatement á vivre dans la hantise du meurtre que tout membre de sa communauté veut perpétrer sur sa personne et dans une souffrance infinie á lui occasionnée par Dieu par le biais de la nature.

Le démon qui va jusqu'au bout de l'infamie en s'incarnant en un être humain, détruisant totalement la conscience dudit être humain, [c'est le cas de la folie humaine], ou partiellement la conscience dudit être humain, [le cas de la paranoïa, de la schizophrénie, de la manie et de la mélancolie], échoue toujours dans sa tentative de s'approprier la femme qui le trouve repoussant á travers ledit individu

La femme qui demeure le premier objet de convoitise tant de l'homme [afin de concrétiser son bonheur terrestre], que du démon [afin de la corrompre, puis d'anéantir le genre humain par la ruse], s'accomplit, il est vrai, comme la fabricante du "Paradis terrestre" au mépris de Dieu dont le premier désir est de se prouver qu'il est effectivement celui que l'homme, la femme et le démon nomment Yahvé-le Père céleste.

L'accomplissement de Dieu qui se comprend ainsi comme une quête permanente de ce dernier auprès de l'hypothétique Yahvé - le Père céleste afin qu'il lui fasse penser une bonne fois pour toutes son identité et son mystère, se heurte toujours á la bonne foi du dénommé Joseph Moè Messavussu Akué qui est convaincu de tout ce qu'il avance, et á la mauvaise foi de l'homme qui veut prendre ledit dénommé Joseph Moè Messavussu Akué pour un insensé, et á la bêtise de la femme qui conçoit l'intéressé comme un « esprit malin » ou tout simplement le « diable noir », et enfin á la cruauté du démon qui établit par devers moi le fait que mon Créateur céleste existe et s'appelle Yahvé- le Père céleste en sa personne.

Le comportement sanguinaire qu'avait eu de son vivant Lucifer face á moi l'être humain qui aurait été plus fort que lui, puisqu'il aurait tente á plusieurs reprises et sans succès de me faire assassiner par Michel, le mari de Renée, ou par mes ennemis politiques, se justifie par ma décision d'abolir par tous les moyens, le règne du Diable sur la terre afin de restaurer le "Paradis terrestre perdu".

Or, le fait de ma bonne foi, quand j'affirme que je suis Yavhé - le Père céleste, descendu définitivement du Ciel pour vivre parmi son Peuple céleste, ne réglant pas concrètement le doute de l'humanité quant á ma réalité ultime, je me vois aujourd'hui encore obligé de mentionner le dogme Moèiste qui suit : Le dénommé Joseph Moè Messavussu Akué se réjouit infiniment de se retrouver dans la situation magique où il a rêvé et vit depuis ce temps, qu'il est purement et simplement Dieu le Tout Puissant en chair et en os.

La rage me vient á l'esprit lorsque je comprends que ledit dogme Moèiste sus-cité laisse tout le monde indifférent, préférant que je raye de mes écrits et de ma foi mon identité divine á remplacer par celle d'un homme ordinaire nommé le sieur Joseph Moè Messavussu Akué.

Une complète révision de ma phénoménologie en faveur des sceptiques anti-Moèistes de tous bords, accorderait á mon rêve magique qui fut á l'origine de mes révélations, la valeur – symbole du mystère caractérisant Dieu, et á mes thèses miraculeuses celle de l'inexistence de Dieu en tant que personne spécifique.

Il en découlerait que toute créature visible et invisible existante ou non matérialisée, reflète Dieu.

En définitive, je reviendrai sur le banc des accusés, lorsque je penserai á nouveau le personnage mystérieux qui serait á l'origine de tout ce qui existe aujourd'hui et qui témoignerait, s'il vit toujours, de l'existence de Dieu.

Un poème à vers conjugués
Lomé, le 27 Novembre 1993

Le sixième événement : La malédiction de l'Esprit du mal en personne. (Pourquoi Lucifer se définissait -il comme le Créateur de la communauté des démons, alors que ces derniers l'ont toujours nié comme tel et ne souhaitaient que de le voir périr de la manière la plus cruelle ?)

Toute la vérité serait dite sur Lucifer lorsque j'aurais affirmé, qu'avant de disparaître á jamais, il me fit comprendre qu'il accepterait volontiers que je suis Dieu le Tout-Puissant si je réussissais á me dévoiler la Pensée infinitésimale qui ordonne la conception, la mise au point et en état de fonctionnement des dix types de vaisseaux intergalactiques que je me suis promis de fabriquer d'ici l'an 2020.

Je lutte en effet depuis mon retour au bercail en 1987 afin d'établir mathématiquement, puis expérimentalement comment par exemple en ayant compris que l'Univers physique et sensible est formé d' une sphère de gazs rares, renfermant en son centre le Cosmos, á son point situé sur l'Axe Nord á infini puissance six kilomètres du Cosmos, le Paradis céleste, á son point situe sur l'Axe Sud á infini puissance cinq kilomètres du Cosmos, le Monde Noir, á son point situé sur l'Axe Ouest á infini puissance puissance quatre kilomètres du Cosmos, le Monde Blanc, á son point situé sur l'Axe Est á infini puissance trois kilomètres du Cosmos, le Monde Jaune, et á d'autres innombrables points-répères, des Systèmes planétaires et humains divinement sophistiqués. Et que je peux á bord d'un véhicule ressemblant á s'y méprendre á un avion et dénommé un Vaisseau intergalactique d'un des dix types, me rendre en tout point dudit Univers physique et sensible, voire explorer le reste de l'Espace infini. Et que ledit Vaisseau intergalactique flotte dans l'espace suivant des trajectoires mathématiques et scientifiques comparables á des routes tracées pour des automobiles sur la terre. Et que ledit Vaisseau intergalactique remplit parfaitement les dix fonctions variables á savoir : Premièrement distinguer avec une netteté absolue, tous les éléments composant son environnement variable, deuxièmement s'arrêter instantanément au toucher subliminal de tout objet simulé ou réel figurant sur sa trajectoire, troisièmement « comprendre » á tout moment de son envol sa position stratégique dans l'univers et l'Espace infini , quatrièmement « juger » bon de procéder á tel type d'opération ou á tel autre á chaque situation ambiguë donnée, cinquièmement resituer á qui de droit l'état sonore de tout environnement variable parcouru et déterminer la nature de tout son perçu en cas de besoin, sixièmement communiquer á qui de droit á partir de n'importe quel point de l'Univers et de l'Espace infini la totalité des informations audio-visuelles requises, septièmement se faire comprendre par l'humanité en tant que robot autonome par une voix humaine dans n'importe quelle circonstance et « comprendre » aussi n'importe quelle pensée humaine audible, huitièmement être prêt á affronter n'importe quelle situation désespérée prévue, neuvièmement dresser le tableau de n'importe quelle panne ou dégât matériel survenu afin de s'auto- réparer si possible, dixièmement signifier á l'humanité qu'il est possible de parcourir infini kilomètres par seconde tout en évitant d'aller s'écraser sur une planète ou un astre quelconque ou de percuter n'importe quel objet céleste que ce soit, en cas de besoin, conformément aux dix sens révèles de son créateur á savoir la vue, le toucher, l'odorat, le goût, l'ouie, la télépathie, la perception incitative, la perception prémonitoire, la perception par l'esprit désincarné et la perception de l'être invisible. Et que ledit vaisseau intergalactique d'un des dix types existants, à savoir les Vaisseaux intergalactiques de type M7 spécialises dans la mise en orbite des satellites de radio - télécommunication et dans leur retrait d'orbite, les Vaisseaux intergalactiques de type W13 spécialisés dans le transport dans l'Espace des hommes et des femmes pour des explorations scientifiques et culturelles et dans leur retour sur terre dans des conditions de sécurité et de confort sublimes, les Vaisseaux intergalactiques de type B139 spécialisés dans l'installation et l'entretien du système complet des centrales énergétiques cosmiques et spatiales devant transformer la matière interstellaire en azote sublime et assurer le ravitaillement des Vaisseaux intergalactiques en ladite énergie sublime et spécialisés dans le remplacement de tout ou partie dudit système de stations de ravitaillement en carburant, les Vaisseaux intergalactiques de type 039 et de type 047 spécialises dans la couverture de l'Espace infini par un système sublime d'émissions et de réceptions d'ondes électro - magnétiques et acoustiques composé d'un radar sublime domicilié sur terre et d'un nombre infini de satellites de radio - télécommunication sublimes, les Vaisseaux intergalactiques de type T26 spécialisés dans la récupération de tout ou partie de l'énergie sublime produite par les centrales énergétiques - stations cosmiques et spatiales chargées de transformer la matière interstellaire en une énergie sublime déterminée et dans le transport de ladite énergie sublime sur terre afin d'approvisionner la totalité des bases maritimes de ravitaillement en énergies sublimes des principaux pays de la planète, les Vaisseaux intergalactiques de type H444 spécialisésdans le transport, l'installation, et l'entretien de la totalité des centrales énergétiques devant transformer le rayonnement des astres y compris la lune, et excepté le soleil en une énergie sublime baptisée le magnésium sublime et dans la récupération desdites centrales énergétiques cosmiques et spatiales après un temps de fonctionnement déterminé dans l'atmosphère de tous les astres figurant dans le Cosmos et le reste de l'Espace infini, les Vaisseaux intergalactiques de type DC 1043 spécialises dans le transport, l'installation et l'entretien de la totalité des centrales énergétiques devant transformer la grande chaleur des hautes couches de l'atmosphère terrestre en une énergie sublime baptisée le "méthane sublime" prévue, et dans la récupération desdites centrales énergétiques comiques après un temps de fonctionnement determine dans lesdites couches incandescentes de l'atmosphère terrestre, les Vaisseaux intergalactiques de type ACCOR 3970 spécialises dans le transport, l'installation et l'entretien de la totalité des centrales énergétiques devant transforme la matière interstellaire en une énergie sublime baptisée le "carbone sublime" prévue et dans la récupération desdites centrales énergétiques cosmiques après un temp de fonctionnement déterminé dans la zone du Cosmos définie comme l'inverse de l'Univers formé et de la vie et caractérisée par le "noir absolu" et de l'"anti-matière", les vaisseaux intergalactiques de type LIAISON 10.36.33.0 spécialisés dans le transport, l'installation et l'entretien de la totalité des centrales solaires devant transformer le rayonnement solaire en une énergie sublime baptisée le "fuel sublime" prévue et dans la récupération desdites centrales solaires après un temps de fonctionnement déterminé dans la région d'évaporation solaire, c'est á dire la zone enveloppant le feu solaire caractérisée par du "granite sublime", laquelle zone solaire restant contrôlé uniquement par la volonté de son Créateur par le biais de machines - outils sublimes allant de l'Observatoire de l'Espace domicilié dans le « Village spatial terrestre», á l'Observatoire portatif MM, en passant par la Salle de contrôle automatique des vaisseaux intergalactiques. Je dis aussi que tout aisseau intergalactique made by Joseph Moè Messavussu Akué est un rêve aussi cher á son Créateur que celui du pouvoir de se rendre invisible á sa guise, [ce qui veut dire que j'ai produit la pensée et l'acte du pouvoir de l'invisibilité avec le même étonnement que la pensée et la réalité même des vaisseaux intergalactiques des dix types, en attendant les preuves publiques des deux pouvoirs], et que dans l'industrie aéronautique et spatiale que j'ai inventée tout comme dans le reste de mon empire industrie et commercial, le personnel humain est et restera réduit á une seule personne, la mienne, complètée en la circonstance par un nombre variable de robots. Je dis aussi que je peux ordonner immédiatement la fabrication de mes propres mains, et á partir de rien, d'un modèle absolu de chaque type de vaisseau intergalactique prévu.

Je comprends par ailleurs que mon autorité mathématique et scientifique révélée par les mathématiques fonctionnelles et la totalité des machines-outils ou identités mathématiques élaborées par mes propres soins, loin d'être reconnue et vénérée par les hommes et les femmes qui sont censés m'aider, est purement et simplement niée, ce qui me contraint á chercher á me faire connaître et soutenir par le reste de l'humanité et par mes propres moyens, quelque peu modiques, de l'heure.

Je pose dès lors comme principe, que l'inertie incontrôlable et le ferment de la haine irrépressible entre les hommes du fait de leurs ambitions personnelles, développés en permanence par les démons incrustés dans les cerveaux humains encore de nos jours, me somme de me fier dorénavant qu'à ma propre personne pour arriver á me faire reconnaître effectivement Dieu le Tout-Puissant en chair et en os.

Le propre de l'être humain face á ma personne, est décrit dès lors par une haine mortelle á peine dissimulée, puisque je serais celui qui ose se vanter d'être le Bon Dieu par plaisir de se positionner de par son savoir diabolique sur le genre humain.

Le système vital humain rejetant mes desseins avoués, se réduit á ce qu'est la vie humaine sans l'amour et la bénédiction de celui qui se désigne justement le Bon Dieu, c'est á dire á l'accomplissement d'une humanité du point de vue de se nourrir, de se vêtir, de se loger et de se perpétuer uniquement.

Toute la vérité serait dite sur Lucifer en constatant avec amertume que je ne savoure mon état d'esprit reflétant ma satisfaction absolue de ma vie qu'occasionnellement, puisque ma conscience est, la plupart du temps, brouillée par les pensées chaotiques des diablotins [créés bien sûr par moi mais directement par les mains de Lucifer, leur chef de fil], que recèle toujours mon cerveau.

Telle est la situation pénible dont je souffre aujourd'hui vis á vis des créatures lucifériennes et de l'humanité entière pervertie par lesdites créatures.

Je formule ainsi l'idée que je suis redevable de la promesse des cinq sens magiques humains, á savoir la télépathie, la perception incitative, la perception prémonitoire, la perception par l'esprit désincarné, la perception de l'être invisible et les cinq pouvoirs associés, uniquement aux femmes et aux hommes que j'aime passionnément.

Je formule la deuxième idée que j'appelle un ami, un homme qui ferait n'importe quoi pour ne pas me voir souffrir, et qui se plaît á me servir de bouclier contre mes assaillants, et une déesse, une femme ayant accepté de se donner absolument á moi, c'est á dire qui est effectivement á la fois ma confidente, ma maîtresse et ma servante.

Je formule la troisième idée que je considère comme mon

personnel de mon "Empire industriel et commercial" uniquement la totalité de mes déesses et de mes amis.

Quant á ma famille originelle, je lui interdis l'accès á mes affaires pour cause de haute trahison envers ma personne, tandis que je considère mon futur multiple foyer conjugal comme le seul héritier de ma fortune.

Un poème à vers conjugués
Lomé, le 29 Novembre 1993

Le Septième Événement : La vengeance de l'Esprit du mal en personne à l'égard de Dieu. (Pourquoi Lucifer, tentait-il, sans arrêt, d'infléchir la destinée humaine, dans le sens contraire á la volonté de Dieu ou á la conscience humaine ?)

Revenons en arrière pour constater á nouveau l'"'Esprit de la mort de l'être humain" sous l'angle de tout le tort qu'il á pu causer á l'être humain.

Pour ce qui concerne ma personne, le plus gros tort que fit Lucifer, fut d'avoir ordonner l'immersion de mon cerveau á l'heure de ma naissance par un régiment de plusieurs centaines de démons avec á sa tête le virus parlant dénomme[7] « le Diable noir. »

« Le Diable noir » et sa colonie de petits monstres firent de l'enfant infiniment intelligent que je devrais normalement être, un élève passable.

Au sortir de mon adolescence, j'eus l'effroyable surprise d'avoir mon cerveau inondé, cette fois-ci, par Lucifer en personne, ses plus féroces lieutenants et plusieurs milliers de diablotins non moins cruels.

Le résultat immédiat de cet état de choses fut mon abandon

systématique de mes études universitaires, pourcause, non de dérangement mental mais de dégoût des lois hypocritement racistes qui réglementent la vie des « gens de couleur » en France où je séjournais d'ailleurs depuis dix ans.

Mon réalisme ou ma façon de voir les choses, prit un coup puisque, du simple étudiant catholique pratiquant que j'étais, je compris par une série de rêves prémonitoire que je suis l'homme qui incarne la personne de Dieu le Tout-Puissant.

Revenons en arrière pour constater ce qui a le plus embêté Lucifer et continue de mettre hors d'eux les démons, quant á ma réalité d'Écrivain et d'Homme de pensée.

Le fait que je ne me réfère jamais aux connaissances mathématiques et scientifiques humaines accumulées lorsque je rédige me traités de mathématiques fonctionnelles ou que je m'en fous absolument des règles de la versification française enseignées á l'école et á l'université lorsque je rédige mes poèmes dits célestes, est de loin la chose qui surprend le plus le démon.

En dépassant de loin le grade de Docteur ès mathématiques ou ès lettres, voire ès économie politique et ès philosophie, de part la qualité de mes essais, dirais-je tout humblement, je me suis prouvé ma nature divine, et ne résiste plus á l'envie de me faire connaître illico presco au grand public.

Je dédaigne bien évidemment le savoir Blanc européen puisque celui ci est trop teinté de calomnies envers ma race Noire africaine spécialement, et qu'il reflète en définitive le caractère du Diable, á savoir l'élitisme á outrance et des simagrées d'une humanité qui se prend pour Dieu sans se l'avouer.

Je tire vanité du secret de ma magie d'Autodidacte qui est le défi lancé á tout homme ou femme de pensée de rêver la totalité de mes inventions sublimes en cinq ou six ans.

Et puisque l'humanité forte de sa liberté absolue et de son intelligence qu'elle conçoit supérieure á celle du dénommé Joseph Moè Messavussu Akué ou au pire égale á la sienne, détient á jamais les clefs de la vie éternelle et de la mort, je lui dirais dorénavant sans fausse honte que je ne suis que tout ce que Lucifer á cherché vainement à devenir, l'homme aux pieds desquels viennent se prosterner l'humanité entière.

Un poème à vers conjugués
Lomé, le 30 Novembre 1993

Le Huitième Événement : La peine de la désobéissance à Dieu. (Pourquoi Lucifer était-il condamné á vouloir obligatoirement la mort de Dieu et l'anéantissement de la famille humaine, ce qui occasionnait chez lui une terrible agonie ?)

Je me cacherai volontiers á la vue d'un tout autre Bon Dieu qui apparaîtra á moi pour me faire comprendre que le célibataire endurci que je suis encore aujourd'hui , n'est rien d'autre que le châtiment que m'inflige la totalité des femmes que j'ai créées pour me servir de compagnes pour l'éternité étant donne que j'ai eu l'audace de me trimbaler á Lomé, á pieds, sans fortune avoué, au-delà de mes trente-cinq ans d'âge.

Le comble de l'ironie et de ma colère est atteint lorsque lesdites femmes présumées me font constater qu'elles préfèrent aller avec des hommes socialement bien positionnés [pendant que je ne signe que par mon activité d'Agent mandataire en assurances -Écrivain - Étudiant sans fortune liquide], et revenir vers moi quand je serai multi - millionnaire d'un seul coup ou milliardaire.

Je me demande même parfois si ce que je comprends est

bien la vérité lorsqu' une fille qui se colle á moi, fréquente en même temps un autre homme, amoureusement.quente en même temps un autre homme, amoureusement.

Je concède bien volontiers á la nature que je réalise ma plus grande cruauté lorsqu' au lieu de frapper une déesse infidèle, je la quitte sur le champ, quitte á la laisser sans nourriture, sans toit, et sans avenir.

En réfléchissant á fond sur l'infidélité partielle ou totale d'une déesse j'en viens á conclure ce qui suit : Premièrement le diable peut suspendre momentanément la passion que me voue une déesse et la jeter dans le piège d'un séducteur qui ne réussira pas á avoir l'ultime faveur de ladite déesse qui aura peur de perdre son âme en se laissant posséder par un homme autre que moi. Deuxièmement le diable peut perdre á jamais une fille amoureuse de moi en l'ordonnant plus désireuse de l'argent que je n'ai pas encore, á un tel point qu'elle me laisse tomber pour courir après sa propre réussite professionnelle. Troisièmement le sort peut contraindre une déesse á choisir d'épouser un homme financièrement stable á mon détriment, quitte á mourir de chagrin pour m'avoir perdu á jamais.

Je n'exagère pas en affirmant que je prendrai volontiers pour épouse légitime Janette ou Bella ou Jane ou Doris ou Marguerite tout juste parce que je ne peux vivre sans aimer ces filles qui ont déjà préfère leurs compagnons respectifs á moi, ou peut être par envie d'enfin posséder lesdites femmes aimées de moi, et pour le reste de l'Éternité.

Je me cacherai volontiers á la vue d'un tout autre Bon Dieu qui apparaîtra á moi pour me faire comprendre que ma situation matrimoniale effective décrite comme la pratique de la polygamie de fait, n'est rien d'autre que ma vengeance vis á vis de la femme d'aujourd'hui qui se donne difficilement á l'homme sans comptes en banques que je suis actuellement.

Je regrette amèrement une chose, celle de ne pas aimer contraindre par envoûtement une femme dont je suis amoureux á m'aimer en retour, car ledit sentiment forcément éphémère nuit par la suite á l'homme ou la femme qui le provoque, en perdant soudainement et de façon inexplicable ledit être bienaimé.

Ledit procédé d'envoûtement précisé comme la capacité que requiert l'être humain de faire faire á autrui ce qu'il attend de lui, en le droguant psychologiquement soit par des pressions morales exercées par personnes interposées, soit par le biais du démon qui décide d'avilir la personne dont il aurait pris possession par l'intermédiaire de l'envoûteur, ou soit par un charlatan qui opère par hypnose ou enjôlement incitatif á distance, n'honore pas l'homme et la femme, puisque cela ne leur apporte pas la tranquillité de conscience indispensable á une vie bienheureuse; mais bien le contraire.

L'Organisation providentielle de la Grande Famille humaine étant telle que toute femme qui naît est la propriété céleste d'un homme bien défini, chacun doit retrouver normalement sur le parcours de sa vie sa chacune et les concurrentes de cette dernière.

Je comprends ainsi mon infortune conjugale non seulement comme une malédiction du démon qui se plait infiniment á me concevoir repoussé par les femmes, détesté par les hommes et même assassiné par eux pour des motifs politiques, mais aussi comme le témoignage suprême de la ruse des déesses qui cherchent á me dominer voire m'humilier plutôt que de se soumettre á un amour autoritaire qui ne leur rapporte pas encore de l'argent.

Aussi continue-je á attendre celle qui ne m'admire et ne me désire que pour mon travail d'Écrivain et d'Homme de pensée dont je suis absolument fier.

Un poème à vers conjugués
Lomé, le 1 Décembre 1993

Le Neuvième Événement : La révélation de la tentative divine de se prouver son pouvoir contraire.

(Pourquoi la mort de Lucifer et de ses démons était-elle la première volonté du Dieu vivant, qui ordonnait ce dernier d'ailleurs comme tel ?)

Tout ce que les hommes et les femmes de mon entourage raconte sur moi, contribue á me rendre tout simplement encore plus fou ou plus marginal, puisque cela se résume á ne point prendre en compte mes témoignages quant á mes affirmations et de me rire au nez surtout lorsque j'évoque mon identité divine.

Cet état d'esprit humain est un pur produit des démons.

Les conscience humaine sans l'emprise de l'Esprit de la mort devrait quant á elle, se demander si ce qu' affirme le dénommé Joseph Moè Messavussu Akué est conforme á la réalité qui tombe sous le sens commun, et conclure avec promptitude que je suis véridique, mais que mes rêves les plus sublimes ne sont pas encore devenus réalités.

Je répondrai alors á ladite Conscience angélique que mes rêves les plus sublimes qui m'ordonnent l'Intelligence su blime qui ait jamais vécu et l'homme magique par excellence qui vit aujourd'hui, comptent parmi les choses qui nient l'humanité comme le Maître de la vie et qui programment mon existence comme la plus merveilleuse qui soit. J'ai déjà expérimente la réalité de tous ces rêves et le prouverai publiquement le moment venu, c'est á dire á partir de l'heure où le dernier démon sera tué.

La conduite que j'observe actuellement peut se résumer comme suit : Premièrement, j'ai abandonné mes études universitaires, ce qui ne m'honore guère. Deuxièmement, je redeviens Étudiant en deuxième année á la Faculté des sciences économiques et de gestion á l'Université du Bénin á l'ge de trente-cinq aux sonnés, ce qui me rend quelque peu marrant surtout que je le fais pour clouer le bec á tous ceux et celles qui se moquent de moi, pour n'avoir même pas obtenu mon D.E.U.G. (Diplôme d'Études universitaires générales). Troisièmement, je tiens absolument á me faire publier, même mes deux premiers livres, par les « Editions bleues » ma propriété, ce qui est la chose la plus difficile au monde, puisque je ne dispose pas encore de l'argent nécessaire. Quatrièmement, même l'argent qui doit me servir pour ordonner mes expérimentations scientifiques publiques reste strictement personnel. Cinquièmement, je ne concède rien á l'humanité qui me méprise puisque j'attends que tout me tombe du ciel !

La prise de conscience de ma dignité intrinsèque, celle de Dieu le Tout-Puissant, m'ordonnant comme définitivement rentré au bercail; et je pense me réaliser, comme je suis en train de la faire, á partir de mon Lomé natal et la maison paternelle qui m'a vu naître.

Tout ce que les hommes et les femmes de mon entourage actuel raconte su moi n'est que médisances visant á me confondre avec un homme irresponsable qui prend sûrement ses rêves pour la réalité et qui restera pour le commun des mortels un fou.

La partie visible de l'iceberg nommé le sieur Joseph Moè Messavussu Akué étant les œuvres qu'a déjà réalisées ce dernier, et la partie immergée étant tout ce que promet de réaliser ledit sieur et dont il n'a pas encore achevé la réalisation, gageons que le commun des mortels comprendra un jour que le petit nom de Yahvé est « Joe ».

Le désespoir de l'homme ou de la femme qui ne me comprend pas, admet pour cause l'envie féroce d'être détenteur de mon intellige magique en même temps que la condamnation de ma réussite sociale tardive qui n'aurait fait que trop de torts á mon nom.

L'idée que j'aurais pu au moins achever mes études universitaires en France, avant de retourner définitivement au bercail en 1987 ou plus tard [et qui est chère á tous ceux et celles qui me méprisent], est fausse, puisque tel est mon destin. Je complèterai ceci en affirmant que j'emmerde, somme toute, le savoir académique institue bien s r par le monde Blanc européen même si j'ai repris les études á l'Université du Bénin pour faire chier le monde.

Quelle honte enfin pour le monde Noir africain de ne jurer que par le monde Blanc européen !

Mais là ou le bât blesse est que ledit monde Noir africain n'aime pas qu'on l'insulte et préfère exceller dans les arts et les sports dans l'actuel concert des nations. Personne n'y peut rein ; même pas moi.

Un poème à vers conjugués
Lomé, le 2 Décembre 1993

Table des matières

Avant-Propos:..Page 3
Mémento L'Éternelle Jeunesse:...Page 5
Le Premier Événement : Pourquoi la Consciencehumaine
reflète-elleledésird'immortalitde 'homme ?.......................................Page 9
Le Deuxième Événement : Pourquoi la Conscience humaine
est-elle donnée comme la Conscience de Dieu en chair et en os?........Page14
Le Troisième Événement : Pourquoi la Consciencehumaine
est-elle ordonnée comme le Principe de la vie éternelle ?...................Page 19
Le Quatrième Événement : Pourquoi la Conscien-ce humaine
est-elle identifiée par la Jeunesse Éter-nelle pour la totalité
des hommes et des femmes composant l'humanité?..........................Page 23
Le Cinquième Événement : Pourquoi la conscien-ce humaine
est-elle programmée comme le refus absolu de la vieillesse
et de toutes les formes demaladies dont souffre l'homme
depuis son apparition sur la terre ?..Page 28
Le Sixième Événement: : Pourquoi la Conscience humaine
est -elle définie comme la Principe de la bonté absolue ?..................Page 34
Le Septième Événement : Pourquoi la Conscience humaine
est -elle déterminée par la foi absolue en Dieu ou l'espoir
en un Sauveur del'humanité ?...Page 37
Le Huitième Événement : Pourquoi la Cons-cience humaine
est -elle cernée comme la manifestation de la vérité et de la
justice, c'est á dire
de la négation de l'intolérance et de la mort ?...................................Page 43
Le Neuvième Événement : Pourquoi la Conscience humaine
est -elle comprise comme le Révélateur de la Providence ou
de la Volonté de Dieu ?...Page 49
Mémento- La mort de la Mort..Page 55
Le Premier Événement : Pourquoi Lucifer ou "le Prince
des démons ou Esprits malfaisants", était absolument haï
de Dieu ?..Page 59
Le Deuxième Événement : Pourquoi Lucifer croyait-
il désespérément que Dieu est inférieur á lui ?..................................Page 63

Le Troisième Événement : Pourquoi Lucifer espérait –
il dominer Dieu par le biais du mal et de la femme ?......................Page 67
Le quatrième Événement : Pourquoi Lucifer était - il
si jaloux de l'homme et de la "Famille humaine" ?......................Page 72
Le Cinquième Événement : Pourquoi Lucifer se trouvait-
il un vaurien face á la femme ?..Page 77
Le Sixième Événement : Pourquoi Lucifer se définissait –
il comme le Créateur de la Communauté des démons,
alors que ces derniers l'ont toujours nié comme tel et ne
souhaitaient que de le voir périr de la
manière la plus cruelle ?..Page 82
Le Septième Événement : Pourquoi Lucifer tentait-il
sans arrêt d'infléchir la destinée humaine dans le sens
contraire á la volonté de Dieu ou á la Conscience humaine ?...........Page 91
Le Huitième Événement : Pourquoi Lucifer s' était-il
condamné á vouloir obligatoire-ment la mort de Dieu et
l áneantissement de la "Famille Humaine", ce qui
occasionnait chez lui une terrible agonie ?.......................................Page 94
Le Neuvième Événement : Pourquoi la mort de Lucifer
et de ces démons était elle lapremière Volonté du Dieu
Vivant, ce qui ordonne d'ailleurs Dieu comme tel ?..........................Page 98

Achevé d' imprimé en Août 2010 par les EDITIONS BLEUES
mmessavussu@gmail.com
moemessavussu@hotmail.com

Dépot légal : 3ème trimestre 2010
Numéro d'Éditeur ; 2-913-771
IMPRIMÉ AUX ÉTATS UNIS D'AMÉRIQUE

www.ingramcontent.com/pod-product-compliance
Lightning Source LLC
Chambersburg PA
CBHW042330150426
43194CB00001B/12